성령의 능력에 의존하라

대각성전도집회 다락방 시리즈

3

옥한흠

국제제자훈련원

옥한흠 대각성전도집회 다락방 시리즈 3

성령의 능력에 의존하라

초판   1쇄 발행 1999년 10월 16일
초판 16쇄 발행 2023년 7월 27일

지은이 옥한흠

펴낸이 오정현
펴낸곳 국제제자훈련원
등록번호 제2013-000170호 (2013년 9월 25일)
주소 서울시 서초구 효령로68길 98 (서초동)
전화 02) 3489-4300   **팩스** 02) 3489-4329
이메일 dmipress@sarang.org

저작권자 (C) 옥한흠. 1999, *Printed in Korea*
이 책은 저작권법에 의해 보호를 받는 저작물이므로 저자와 출판사의 허락 없이
내용의 일부를 인용하거나 발췌하는 것을 금합니다.

ISBN 978-89-88850-10-7 03230

*책값은 뒤표지에 있습니다. 잘못된 책은 구입하신 곳에서 교환해드립니다.

국제제자훈련원은 건강한 교회를 꿈꾸는 목회의 동반자로서 제자 삼는 사역을 중심으로
성경적 목회 모델을 제시함으로 세계 교회를 섬기는 전문 사역 기관입니다.

교재 사용에 대하여

제자훈련을 하고 있는 교회라면 대각성전도집회를 1년에 한 번씩 갖는 것이 좋다. 제자훈련을 통해 축적된 영적인 힘을 발휘할 수 있는 기회를 만들어주기 때문이다. 또한 교회가 영적으로 수혈을 받고 새롭게 일어나는 계기가 된다. 새로운 생명이 태어나는 산실인 대각성전도집회가 시작되면 교회는 영적인 잔치 분위기를 맛보게 될 것이다.

대각성전도집회는 준비 기간을 길게 두고 치밀한 준비를 해야 한다. 우리 마음에 안주하려는 습성을 깨고 새롭게 힘을 모으기 위해서는 적어도 5~6개월 전부터 치밀한 준비가 있어야 한다. 특별히 다락방(구역)을 중심으로 영적으로 무장하며, 합심하여 기도로 준비하는 것은 대단히 중요하다.

이를 위해 지금까지 전도집회를 앞두고 다락방에서 사용해온 교재를 내어놓게 되었다. 다소나마 도움이 되길 바라며, 이 교재를 사용하기 원하면 다음 몇 가지를 참고해 주기 바란다.

1. 이 교재는 소그룹에서 귀납법적인 방법으로 성경을 공부하도록 만들어졌다. 그러므로 지도자는 소그룹 환경에서 귀납법적으로 성경을 공부하는 것이 무엇인지를 반드시 배우지 않으면 안 된다.
2. 이 교재는 교역자가 매주 소그룹 지도자들을 먼저 예습시킨 다음 사용하게 해야 바람직한 효과를 기대할 수 있다. 평신도에게 던져주고 그들 마음대로 사용하게 하는 것은 좋지 않다.
3. 소그룹에 참석하는 자들은 반드시 미리 예습을 하도록 권장해야 한다.
4. 한 과의 내용을 다 공부하려면 두 시간 이상이 필요하다. 그러므로 문제에 따라 답만 찾아보고 넘어가야 할 것과 함께 토의하면서 진지하게 적용해야 할 것을 잘 구별해서 시간 안배를 하는 것이 좋다.

1. 하나님의 초대

마태복음 22:1-14

예수 그리스도께서 십자가에서 죽으시고 부활하신 다음부터 하나님은 천국의 문을 활짝 열어놓고 계신다. 이 문이 열려 있는 이상 교회는 쉬지 않고 사람들을 데리고 들어가야 한다. 그 일을 중단하면 교회는 교회 되기를 포기하는 것이요, 신자는 교인 되기를 포기하는 것이 될 것이다.

토의내용

1. 예수님이 말씀하신 비유의 중요한 줄거리를 다시 정리해 보라.

2. 하나님 나라를 혼인 잔치에 비유한 이유가 어디에 있다고 생각하는가?

3. 당신은 교회에 나오면서 잔치에 참여하는 기쁨을 맛보고 있는가?

4. 주인이 종들을 처음 두 번 보내었을 때 사람들의 반응은 어떠하였는가?

5. 오기를 거부한 자들은 일차적으로는 유대인들을 가리킨다. 그러나 우리 주변
   에도 비슷한 사람들이 허다하다. 그들이 하나님 앞으로 오기를 꺼리는 이유를
   본문에서 세 가지만 찾아보라. (3, 5, 6절)

6. 당신이 예수 믿기 전에는 어떤 것이 중요한 구실이었는가?

7. 마지막으로 초청 받은 대상들은 본래가 이방인들을 가리키고 있다. 그런데 그들을 초청하는 데는 몇 가지 특별한 점이 있다. 그것이 무엇인가? (10절; 누가복음 14:23)

8. 이상의 두 가지 사실이 주는 은혜는 무엇인가? (고린도전서 1:26-29; 로마서 9:16-18)

9. 당신은 하나님이 당신을 불러 주신 데 대한 감격한 적이 있는가?

10. 예복을 입지 않았다는 것은 무슨 의미인가?

11. 주인이 보낸 종들은 오늘날 누구를 가리키는가? 그리고 그 이유는 무엇인가?

12. 당신은 하나님이 당신을 사거리나 산과 들로 보내실 때 거절할 수 있다고 생각하는가?

13. 대각성전도집회는 하나님이 우리를 사방에 보내어 누구든지 데리고 오라고 하시는 하나님의 명령이다. 당신이 데리고 올 대상자들에 대해 이야기하라. 전도집회의 주제를 외우고 함께 기도하자.

2. 죽어가는 자의 최후 운명

누가복음 16:19-31

예수를 믿지 아니하면 빈부 귀천을 막론하고 그들은 이미 정해진 운명을 벗어날 수 없다. 무서운 심판을 향해 한 걸음씩 옮기고 있는 그들은 분명 죽어가고 있는 자들이거나 아니면 이미 죽은 자들이다. 우리가 사람들을 붙들고 예수 믿으라고 권하는 것은 그들을 이러한 절망에서 건져내는 것이다.

토의내용

1. 부자와 나사로 이야기를 다시 정리해 보라.

2. 부자에게 문제가 되었던 점이 무엇인가? 부자였기 때문인가? 아니면 다른 이유 때문인가?

3. 부자는 왜 구원받기 어려운가?

   • **누가복음 18:24–25**

   • **디모데전서 6:10**

4. 만일 당신이 생활이 어렵고 힘들어 예수를 믿었다면 부자가 안 된 것을 감사할 수 있는가?

5. 오늘날 많은 사람들이 부자 병에 걸려 있다. 그들은 구원하는 일이 얼마나 시급하며 동시에 어려운가를 알아야 한다. 그러나 우리는 무엇을 믿는가? (누가복음 18:27)

6. 부자가 죽어서 들어간 곳은 어디인가? 그곳의 비참함을 몇 가지로 정리해 보라.

7. 당신은 지옥의 존재를 믿는가?

8. 당신은 사랑하는 식구나 이웃 사람들이 지옥으로 가는 것을 가만히 보고 있을 수 있는가?

9. 부자가 지옥에 들어가서야 비로소 믿지 못한 것을 후회하고 땅에 남아 있는 가족들이 그곳에 오지 못하도록 애를 쓴다는 사실을 볼 때 어떤 생각이 드는가?

10. 당신의 가족이나 친구 중에 한 사람도 이와 같이 때를 놓치고 영원히 후회하는 자로 만들지 않기 위해 당신이 해야 하는 것은 무엇인가?

11. 당신이 전도하려는 5명에 대해 이야기하라.

12. 전도는 기도 없이 100퍼센트 불가능하다. 함께 마음을 모아 기도하자.

3. 먼저 좋은 이웃이 되라

누가복음 10:29-37

대각성전도집회가 얼마 남지 않았다. 지금까지 기도하며 접촉해 온 형제들을 위해 우리가 해야 할 한 가지 더 중요한 일이 남아 있다. 그것은 그들을 위해 얼마나 헌신적인 이웃이 되느냐 하는 것이다. 주변의 안 믿는 사람들 가운데는 예수가 싫어서 교회에 나오지 않는다기보다는 교회 다니는 사람이 싫어서 안 나오는 경우가 많다. 우리에게 이런 가슴 아픈 문제가 없는지 말씀 앞에서 살펴야 할 것이다.

토의 내용

1. 본문 내용을 다시 정리하라.

2. 이 내용의 이야기는 실제로 일어났던 사건을 주님이 인용하시는 것으로 보아
야 한다. 예루살렘 – 여리고의 길은 무서운 이 세상과 비교할 수 있다. 그러면
강도 만난 자는 누구를 가리키는가? 왜 그렇게 말할 수 있는가?

3. 문제는 우리가 예수 모르는 이웃을 강도 만난 사람처럼 보는 영적 눈이 있는
가 하는 점이다. 당신은 어떤가? (참고/ 마태복음 9:36)

4. 유대 나라에서 제사장이라는 신분을 가진 사람이 일반인과 다른 점은 무엇인
가? (참고/ 레위기 21:4, 8)

5. 레위인은 무엇이 다른 사람인가? (참고/ 신명기 10:8, 9)

6. 제사장과 레위인이 강도 만난 자에게 이웃이 될 수 없는 이유를 말하라.

7. 그러면 제사장과 레위인은 오늘날 누구를 비유하는 신분이라 할 수 있는가?
   (참고/ 야고보서 2:14-16; 4:17)

8. 사마리아인의 행동에서 배워야 할 교훈을 몇 가지 찾아보라.

9. 전도하는 자는 복음의 내용과 일치하는 행위를 보여 주어야 한다. 이 말의 의
   미가 무엇인가? (참고/ 고린도전서 9:19)

10. 당신은 이번에 전도할 이웃에게 선한 사마리아 사람이 되고 있는가? 어떤 점에서 그런지 한두 가지 간증을 해 보라.

11. 우리가 이웃에게 선한 사마리아 사람의 봉사를 한다는 것은 대단히 큰 대가를 지불해야 한다는 것을 의미한다. 바울은 이것을 무엇에 비유하고 있는가? (고린도전서 9:24)

12. 각자 전도할 대상을 보고하고 함께 기도하자.

4. 성령의 능력에 의존하라

기다리던 대각성전도집회를 앞두고 오늘 다락방은 마지막 준비 모임이 된다. 전도가 좋은 결실을 맺으려면 성령의 능력에 의존하지 아니하면 안 된다. 성령이 함께 하지 아니하는 전도의 노력은 설혹 그것이 초인적인 것이라 할지라도 수포로 돌아가고 만다. 우리 모두 성령의 능력을 다시 한번 구하고, 그 능력에 의존하자.

토의내용

1. 사도행전 1장 8절을 가지고 성령과 전도의 관계를 생각해 보라.

2. 왜 성령은 전도의 주역을 맡고 있다고 말할 수 있는가? (요한복음 15:26, 27)

3. 성령이 주도하는 전도가 되려면 우리는 어떻게 해야 하는가?

  • **사도행전 1:14**

  • **사도행전 2:4 (참고/ 4:20)**

  • **사도행전 3:31**

4. 성령이 함께 하는 전도는 무엇이 다른가? 고린도전서 2장 1–5절을 읽고 적어
   도 네 가지 특징을 찾아 보라.

5. 각자 다음 질문에 답하라.

⑴ 당신은 성령이 함께 하심을 믿는가?

⑵ 당신은 성령의 능력이 없으면 한 사람도 구원할 수 없다는 것을 믿는가?

⑶ 당신은 성령의 능력을 입기 위해 간절히 기도하고 있는가?

⑷ 당신은 전도할 때 성령이 함께 하심을 특별히 체험한 사례가 있는가?

6. 오늘은 각자가 인도할 대상자들을 최종적으로 점검하는 날이다.

⑴ 각자의 전도 대상자 명단을 카드에 기록하자.

⑵ 자기 다락방이 인도할 수 있는 총 인원이 몇 명인지 확인해 보자.

⑶ 대상자들을 착실히 집회에 인도하기 위해 서로 도와주어야 할 일이 무엇인지
살펴보자.

7. 각자에게 맡겨진 기도 시간이 언제인지 확인하고, 한 사람도 빠짐없이 기도에
동참할 수 있도록 계획을 세우자.

8. 전도집회와 전도 대상자를 위해 합심해서 기도하자.

5. 새 형제를 위한 봉사

대각성전도집회를 은혜 가운데 끝마치게 하신 하나님께 우리 모두 찬양과 감사를 드리자. 이제 다락방마다 하나님의 품으로 돌아온 새 형제들이 몇 명씩 생겼다. 그들은 아직 다락방에는 참석하지 못하지만 우리 모두가 정성껏 돌보아 주지 아니하면 안 될 갓난아기들이다. 어떻게 그들을 돌보아 줄 수 있을까? 다음 몇 가지를 함께 공부하자.

토의내용

1. 예수를 갓 믿은 형제들은 영적으로 어떤 상태에 있는가? (고린도전서 3:2; 히브리서 5:13)

2. 갓 믿은 형제들에게 어떤 약점이 있을 수 있는가? (로마서 14:1; 에베소서 4:14)

3. 어린 신자에게 당장 필요한 것은 무엇인가? (베드로전서 2:2)

4. 어린 신자를 돌보아 줄 때 우리가 갖추어야 할 태도는 어떠한가?

• 로마서 14:1

• 로마서 15:1, 2

• 데살로니가전서 2:7

5. 다락방에서 돌보아 주어야 할 형제들에 대해 한 사람씩 이야기하면서 이름과 형편을 기록하자.

6. 새 형제는 인도자가 양육을 책임지는 것이 이상적이다. 각자 누구를 책임지고 돌보아야 하는지 확인하자.

7. 새 형제를 돌보기 위해 다음 몇 가지를 검토하자.

> (1) 모범을 보임: 교회 생활, 가정 생활 등에서.
> (2) 사랑의 관심: 실례가 폐가 안 되는 범위 안에서 은근한 관심을 어떻게 보여줄 것인가?
> (3) 적극적인 중보기도: 매일 기도해주어야 한다.
> (4) 기초 양육: 신앙 생활에 필요한 초보를 가르치라.
> (5) 봉사: 도와주어야 할 일이 없나 찾아 보라! 경제적, 심리적으로,

8. 다음 시간에 순장이 순장반에 나올 때 이번 대각성전도집회를 통하여 얻은 새 형제들의 명단과(나이, 주소, 연락처 포함) 인도는 했으나 결신하지 아니한 태신자들의 명단을(나이, 주소, 연락처 포함) 제출하도록 모두가 협조하자.